特定非営利活動法人　共同保存図書館・多摩
二〇二二年度通常総会記念講演

地域資料とデジタルアーカイブ

—たましん地域文化財団歴史資料室を例に—

保坂一房

目次

はじめに

たましん地域文化財団歴史資料室の保坂と申します。どうぞよろしくお願いいたします。多摩デポでの講演は、二〇〇八年九月に、「地域資料の収集と保存―たましん地域文化財団歴史資料室の場合―」というタイトルで、歴史資料室の事業内容に関してお話させていただきました。

その時の講演は、多摩デポ・ブックレットの2として、翌二〇〇九年九月に発行していただきました。振り返ると、もう一四年も昔のことになります。

今回、改めて講演する機会をいただきました。この度は、ブックレット2で述べた「歴史資料室の所蔵資料」に関して、詳しくお話したいと思います。それから、新しく始めたデジタルアーカイブについてもご紹介します。本来であれば、対面で直接お話したいところですが、昨今の状況からネットでの配信となりました。お聞き苦しいところがあるかと思いますが、どうぞよろしくお願いいたします。

＊本講演は多摩デポ会員を対象に、二〇二二年八月一日から九月三〇日までYouTubeで配信した。その後、会員以外にも公開している。なお、本稿は講演をもとにして、項目を追加して大幅に加筆した。

1　歴史資料室の概要

まずは、歴史資料室の概要をご紹介しましょう。

当財団は、平成三年、一九九一年四月に設立し、同年六月に歴史資料室を開設しました。JR中央線国立駅の駅前南側ロータリーに面する多摩信用金庫国立支店の五階にあります。

たましん地域文化財団は、多摩信用金庫の前身である多摩中央信用金庫が、昭和四九年、一九七四年から行ってきた社会貢献事業を継承するため、地域の文化形成に寄与することを目的として設立されました。平成四年、一九九二年八月には、たましん歴史・美術館として東京都教育委員会により登録博物館となりました。

昭和五〇年、一九七五年一一月に創刊された『多摩のあゆみ』の編集と発行は、歴史資料室に継承されました。創刊号の特集は「母なる多摩川」で、以来一年間に四冊ずつ季刊で発行してきました。現在、「多摩の動物園」を特集した第一八九号まで発行しています。

創刊号には「創刊のごあいさつ」が掲載されていて、創刊の経緯と、本誌が郷土を語り、学び、知るための「茶の間の郷土誌」になることを標榜しています。また本誌は、多摩中央信用金庫の創立四〇周年記念誌の関連企画としてスタートし、地域の金融機関として地域の

創刊のごあいさつ

このたび「多摩のあゆみ」を創刊する運びとなりました。これは当金庫創立四十周年記念誌編纂の際に思い立ちました企画ですが、以来今日まで多くのみなさまから過分のご協力とご助言を賜り今日に至りました。創刊にあたり温かいご支援に厚くお礼申し上げます。

私どもは多摩の地域金融機関として、地域の暮しと産業経済の面に深いかかわりをもち、またこのことで地域のみなさまには日頃から格別なるご愛顧を賜っておりますが、このことは幾重にも感謝申し上げる次第であります。

しかるに地域金融機関としての業務を推進するに際しましては、私ども役職員一同が地域の生活、産業、文化、またその歴史につきまして、関心を深めこれを謙虚に学ぶという不断の心掛けをもって参る必要があります。幸いこれらのことについては、地域に多くの研究者と先達がおられ、また、新たにこの地にお住まいになられた方、旧くからお住まいの方を問わず、実に多くの方がたがこれらのことに強いご関心を寄せておられますし、これを子から孫へと伝えておきたいとのお気持ちにもたいへん強いものがあります。私どもがこのたびの企画をもって意図しておりますのは、右のような事情に照しまして、本誌が地域のみなさまに、ささやかではありますが、郷土を語り、学び、知るための、もうひとつの機会になり、傍らこれが私どもにも勉学の機会になることであります。どうか「茶の間の郷土誌」といったお気持でご覧いただきたいと存じます。

何分不馴れなものの企画ではありますが、今日からの本誌のあゆみに対しましても、各位のご理解と格別のお力添えを賜りたく懇願申し上げる次第であります。

昭和五十年十一月

理事長　関塚正平

もくじ

題字　理事長

生活、産業、文化、歴史について学ぶ必要があると述べています。「茶の間の郷土誌」という基本姿勢は、誌代が無料であることとともに現在まで引き継がれています。創刊以来四五年を超えましたが、多摩地域に関するさまざまなテーマを特集して、過去から現在に至る各分野の事象を市民や研究者へ提供してきました。

歴史資料室では、図書、雑誌、地図、絵葉書、チラシ・リーフレット、ポスター、写真、包装紙、マッチラベル、新聞記事など、紙媒体を主とする地域資料を収集して所蔵しています。歴史資料室の所蔵資料については、後ほど詳しくお話しします。

当財団のホームページを公開したのは、二〇〇一年五月のことです。『多摩のあゆみ』の総目次、論考タイトルや著者名を掲載しました。合わせて、本誌所収「入手資料のごあんない」の書誌情報を、「新着図書・雑誌」として載せました。

所蔵資料の検索システムは、二〇〇四年七月に公開しました。図書、雑誌、地図、絵葉書、チラシの五種類が検索できます。資料群によって検索項目を変えて、検索できるようにしました。地図の場合は、縮尺から検索することができます。例えば、二万五千分一や五万分一の地図を探すことができます。

絵葉書やチラシについては、タイトルだけでは探しづらいので、どこの地域のものか、地域名でも検索できます。また、絵葉書とチラシの古いものについては、画像も表示するようにしました。

その後、雑誌に関しては論文情報の追加入力を進めて、二〇〇七年一二月から論文タイトルや著者名でも検索できるようになりました。『武蔵野』『多麻史談』『東京史談』『多摩郷土研究』『多摩文化』など、多摩の地域史研究を代表するものから始めて、順次、論文情報を追加する雑誌を増やしてきました。

ブックレット『地域資料の収集と保存』を発行した後、二〇一二年四月には公益財団法人となり、ホームページをリニューアルしました。翌二〇一三年一〇月からは所蔵しているポスターを整理・登録して、タイトルや発行者、展覧会の会期、ポスターサイズなどの情報を、チラシ・カテゴリーに追加して公開しました。

二〇一七年九月、『多摩のあゆみ』バックナンバーのうち、創刊号から第一〇〇号までをデジタルアーカイブで公開しました。その後、所蔵資料もデジタルアーカイブで公開していきます。このことも後ほど詳しくお話しします。

二〇二〇年五月、多摩信用金庫の本店・本部が移転して、一階にたましん美術館が開館しました。これに伴い、ホームページを再びリニューアルしました。

2　地域資料の収集と整理

歴史資料室の所蔵資料は、多摩地域と東京区部や島嶼、神奈川県、埼玉県、山梨県などのものが大半を占めます。「日本十進分類法（ＮＤＣ）」の区分表では十分に対応できないので、独自の主題分類と地域分類を設けて整理しています。

歴史資料室を開設するにあたって、それまで内部で利用していた図書類があったので、整理して紙の目録カードを作成しました。一冊ごとに書誌情報を手書きでカードに記入して、目録カードケースに収めました。同時にパソコンのカード型データベースソフトを使って、書誌情報を入力していきました。昔はどこの図書館でも目録カードケースがあったものですが、二〇〇四年七月にインターネット検索が稼働すると書誌情報は直接データベース上に入力して、目録カードは廃止しました。目録カードケースも閉架に移動して、後に廃棄してしまったのですが、目録カードの一部は歴史的な資料として保存しておくべきでした。

『多摩のあゆみ』を発行すると、毎号、図書館、博物館、教育委員会、大学図書館、民間団体、関連機関等へ謹呈します。交換として各機関の発行物をいただき、収集してきました。個人から寄贈いただいたものや、購入したものもあります。

歴史資料室 主題分類表

総　記

- 00　図書館
- 01　書誌
  - A　図書目録
  - B　郷土資料目録
  - C　行政資料目録
- 02　博物館・美術館
  - A　博物館・郷土館
  - B　美術館
- 03　事典
- 04　一般論文集・講演集
- 05　機関・団体
- 06　新聞
- 07　叢書・全集

思想・宗教

- 10　思想・道徳
- 11　宗教
  - A　神道
  - B　仏教

歴史・地誌

- 20　歴史・文化財・地誌
- 21　歴史
  - A　通史
  - B　原始・古代
  - C　中世
  - D　近世
  - E　近代
  - F　現代
- 22　文化財・遺跡・史跡
  - A　文化財
  - B　考古学
  - C　史跡・名勝
  - D　城郭・城址
  - E　街道
  - F　天然記念物
  - G　産業遺産
- 23　地理
- 24　伝記

社会科学

- 30　社会科学
- 31　政治・行政
  - A　行政制度
  - B　要覧・概要
  - C　基本構想・基本計画
  - D　都市計画・都市問題
  - E　便利帳・地域ガイドブック
  - F　広報・公聴
  - 31G　警察・消防
  - H　基地問題
  - I　国防・軍事
- 32　法律
- 33　経済
  - A　多摩信用金庫
  - B　金融
- 34　財政
- 35　統計・調査
  - A　一般統計
  - B　人口統計・調査
  - C　世論調査
- 36　社会問題
- 37　労働
- 38　教育
  - A　学校誌
  - B　社会教育
- 39　風俗・習慣・民俗
  - A　衣・食・住・生活
  - B　村制
  - C　民間信仰・迷信
  - D　石仏・板碑
  - E　通過儀礼・冠婚葬祭
  - F　年中行事・祭礼
  - G　郷土芸能・郷土舞踊・民俗芸能
  - H　郷土玩具
  - I　伝説・民話・昔話
  - J　民謡
  - K　わらべ唄・わらべ遊び

自然科学

- 40　自然科学
- 41　地学
- 42　生物
- 43　植物
- 44　動物
  - A　野鳥
  - B　昆虫
- 45　医学

技術・工学

- 50　技術・工学
- 51　建設・土木
  - A　多摩川
  - B　河川・水道
  - C　防災・災害
  - D　玉川上水
- 52　公害・環境工学
- 53　建築
- 54　工業
- 55　電気工学
  - A　電気事業

産　業

- 60　産業
  - A　織物
  - B　産業史・物産誌・伝統産業
- 61　農業
- 62　園芸
- 63　蚕糸業
- 64　畜産業
- 65　林業
- 66　水産業
- 67　商業
- 68　運輸・交通
  - A　鉄道
  - B　観光事業
- 69　通信事業
  - A　郵便・郵政
  - B　電信・電話
  - C　放送

芸術・美術

- 70　芸術・美術
- 71　彫刻
- 72　絵画
- 73　版画
- 74　写真
- 75　工芸
- 76　音楽
- 77　演劇
- 78　スポーツ・体育
- 79　諸芸・娯楽

言　語

- 80　言語
- 81　方言

文　学

- 90　文学
- 91　詩歌
- 92　散文・戯曲
- 93　小説
- 94　随筆
- 95　日記
- 96　外国文学
- 97　ノンフィクション

歴史資料室 地域分類表

- 00 多摩広域
  - A 北多摩
  - B 南多摩
  - C 西多摩
- 01 八王子市
- 02 立川市
- 03 武蔵野市
- 04 三鷹市
- 05 青梅市
- 06 府中市
- 07 昭島市
- 08 調布市
- 09 町田市
- 10 小金井市
- 11 小平市
- 12 日野市
- 13 東村山市
- 14 国分寺市
- 15 国立市
- 16 田無市
- 17 保谷市
- 18 福生市
- 19 狛江市
- 20 東大和市
- 21 清瀬市
- 22 東久留米市
- 23 武蔵村山市
- 24 多摩市
- 25 稲城市
- 26 秋川市
- 27 羽村市
- 28 瑞穂町
- 29 日の出町
- 30 五日市町
- 31 檜原村
- 32 奥多摩町
- 33 あきる野市
- 34 西東京市
- 38 河川・水道
  - A 多摩川
  - B 玉川上水
- 39 交 通
  - A 五日市線（五日市鉄道）
  - B 青梅線（青梅鉄道含）
  - C 中央線（甲武鉄道含）
  - D 南武線（南武鉄道含）
  - E 八高線
  - F 武蔵野線
  - G 小田急線
  - H 京王線
  - I 西武線
- 40 東京都全域
- 41 区部広域
  - A 足立区
  - B 荒川区
  - C 板橋区
  - D 江戸川区
  - E 大田区
  - F 葛飾区
  - G 北区
  - H 江東区
  - I 品川区
  - J 渋谷区
  - K 新宿区
  - L 杉並区
  - M 墨田区
  - N 世田谷区
  - O 台東区
  - P 中央区
  - Q 千代田区
  - R 豊島区
  - S 中野区
  - T 練馬区
  - U 文京区
  - V 港区
  - W 目黒区
- 50 関東広域（武蔵国含）
- 52 山梨県
- 53 埼玉県
- 54 神奈川県
- 55 千葉県
- 56 茨城県
- 57 群馬県
- 58 栃木県
- 59 その他の地方
  - A 北海道
  - B 東北地方
    （青森・岩手・宮城・秋田・山形・福島）
  - C 信越地方
    （新潟・長野）
  - D 北陸地方
    （富山・石川・福井）
  - E 東海地方
    （愛知・岐阜・静岡・三重）
  - F 近畿地方
    （大阪・兵庫・京都・滋賀・奈良・和歌山）
  - G 中国地方
    （鳥取・島根・岡山・広島・山口）
  - H 四国地方
    （徳島・香川・愛媛・高知）
  - I 九州地方
    （福岡・佐賀・長崎・熊本・大分・宮崎・鹿児島・沖縄）
- 100 地域以外のもの

図書と雑誌から始めた収集と整理は、順次、地図、絵葉書、チラシ・リーフレット、ポスター、写真、包装紙、マッチラベルなどへ広げていきました。雑誌、地図、絵葉書、チラシ・リーフレットは、データベースから情報を抽出して、冊子目録を作成しました。これらは歴史資料室に備えつけて、来館者が利用できるように公開しています。

図書

図書は、多摩地域の市町村や東京都、周辺の自治体が発行した自治体史、資料集、研究報告書、考古学関係の発掘調査報告書、歴史・民俗・地理・自然などの関連図書があります。個人や民間団体が自費出版したものも収集しています。なお、自治体発行の逐次刊行物（博物館の研究紀要や年報、自治体史の市史研究等）、研究者が学術誌に掲載した論文の抜刷は図書扱いにしています。現在、二万五四〇〇冊ほど所蔵しています。

自治体史は各市町村の正史に位置付けられ、地域の歴史を調べるための基本的な図書です。昭和三四（一九五九）年発行の『小平町誌』に始まる戦後の多摩地域の自治体史は、一九六〇年代＝七市町、七〇年代＝一〇市町、八〇年代＝一〇市町村、九〇年代＝七市と、通史編が発行されています。この時期に、当時のすべての市町村が自治体史を刊行しました。

それぞれの自治体史の構成内容や巻数は異なりますが、概ね次のような特徴があります。①編さん委員会を組織して専門の研究者に委員を依嘱した。②通史編とともに分野別の資料を調査・収集して、目録や資料編、市史研究を発行した。③普及版、子ども版、索引などを発行した自治体がある。最初の二つは、歴史・考古・民俗・地理・自然など、各分野の学術成果を踏まえて自治体史が編さんされたこと、三つ目は自治体史の普及と活用を目指したものといえましょう。

この時期は多摩各地の人口が急増して、自治体は学校や道路などインフラ整備に追われていました。また、土地開発が進むことによって、考古遺物・古文書・歴史的建造物・民俗行事などの文化遺産は消失の危機に直面し、市民や研究者たちはその保存や保護を訴えていきます。地域に所在する歴史資料の保存や環境の保全には地元住民のコンセンサスを得ることが大切で、自治体史編さん事業はその重要性を広く喚起するものでもありました。

二〇〇〇年代に入ると、戦後二度目の自治体史編さんが始まります。現在までに八市が通史編を発行して、四市で編さん事業が進行中です。今回の編さんでは、近現代史の比重が大きくなってきました。戦後も七五年を経過して、役所内に保管されていた歴史的な行政文書（公文書）と行政刊行物の保存と活用が注目されています。

自治体史通史編などの発行状況

1950 年代　1 町

小平町誌１冊 1959　総索引 90

1960 年代　7 市町

大和町史１冊 1963　町史研究 62-63

定本市史青梅１冊 1966

村山町史１冊 1968

府中市史２冊 1968-74　索引 79

八王子市史３冊 1963-68

小金井市誌６冊 1967-78

立川市史２冊 1968-69　市史研究 65-69

1970 年代　10 市町

武蔵野市史１冊 1970

東村山市史１冊 1971

羽村町史１冊 1974

町田市史２冊 1974-76

昭島市史２冊 1978

三鷹市史１冊 1970

清瀬市史１冊 1973

瑞穂町史１冊 1974

五日市町史１冊 1976

東久留米市史１冊 1979

1980 年代　10 市町村

檜原村史１冊 1981　村史研究 74-78

日野市史７冊 1983-98　普及版 90

奥多摩町誌３冊 1985

保谷市史４冊 1987-89　市史研究 81-84

調布市史４冊 1988-97　普及版 2000　索引 07

秋川市史２冊 1983　市史研究 77-80

狛江市史１冊 1985

国分寺市史３冊 1986-91　普及版 93

国立市史３冊 1988-91　索引 92　普及版 95

日の出町史４冊 1989-2006

1990 年代　7 市

稲城市史２冊 1991　市史研究 88-97

小平市三十年史１冊 1994

青梅市史２冊 1995

武蔵野市百年史５冊 1998-2011　子ども版 10

福生市史２冊 1993-94　市史研究 85-94

田無市史２冊 1994-95

多摩市史３冊 1997-99　市史研究 88-99

2000 年代　4 市

東大和市史１冊 2000

三鷹市史１冊 2001

武蔵村山市史３冊 2000-03

東村山市史２冊 2002-03　市史研究 92-03　普及版 94

2010 年代以降　8 市

小平市史３冊 2012-13　市史研究 09-13

小金井市史１冊 2019　索引 22

羽村市史 編さん中 2015-

新編立川市史 編さん中 2016-

新八王子市史８冊 2014-17　市史研究 11-15

新狛江市史２冊 2021-22　市史研究 14-22

清瀬市史 編さん中 2016-　市史研究 16-

新府中市史 編さん中 2016-　市史研究 19-

『甲武鉄道もより名所案内』

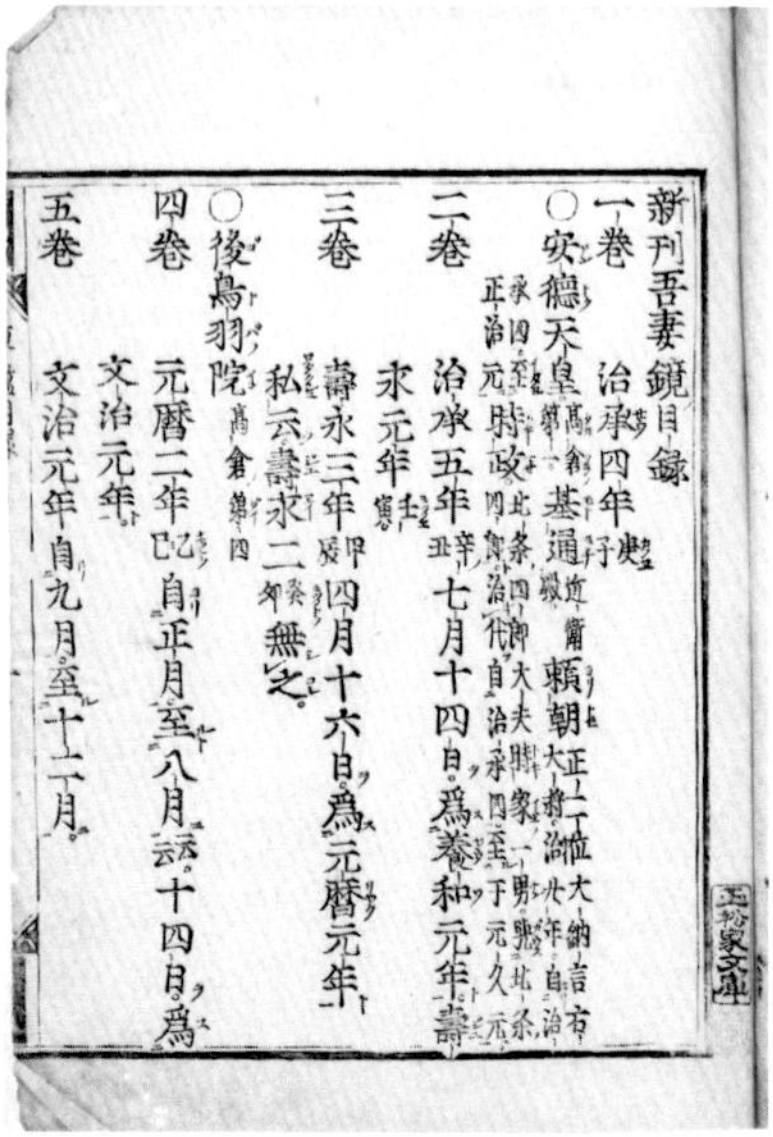
新刊吾妻鏡目録
一巻　治承四年庚子
○安徳天皇　頼朝
二巻　治承五年辛丑七月十四日為養和元年壽
永元年壬寅
三巻　壽永三年甲辰四月十六日為元暦元年
私云壽永二年癸卯無之
○後鳥羽院　高倉第四
四巻　元暦二年乙巳自正月至八月　十四日為
文治元年
五巻　文治元年自九月至十二月

『新刊吾妻鏡』

『八王子染織界』

『水雲徴』

さて、歴史資料室で所蔵する図書のうち、江戸時代の和本や明治期から昭和前期に発行されたものは貴重です。紙質の良くないものも多いので、中性紙の封筒に入れて閉架で保管しています。「別置図書」と称していますが、現在七〇〇冊ほどあります。寄贈いただいたものがほとんどですが、購入したものもあります。

少しご紹介すると、江戸時代の和装本『新刊吾妻鏡』をはじめ、内務省地理局版『新編武蔵風土記稿多摩郡』『甲武鉄道もより名所案内』、内田安蔵編『関八州名士肖像録』、小幡宗海『武蔵文庫 東京城西四多摩郡 百家明鑑』などは国立国会図書館や都立中央図書館でも所蔵していて、広く知られている図書でしょう。

また、小林幸次郎『水雲徴』、桑都織友会（府立織染学校）編『八王子染織界』、戸倉村役場編『戸倉村政概要』、府中町青年会編『武蔵国府名蹟誌』、船田秀三郎『北多摩郡人名録』などは、多摩の貴重な地域資料です。

雑誌

雑誌は、多摩各地の郷土史研究会など市民研究団体が発行した機関誌を中心に、タウン誌、文芸誌、ミニコミ誌などがあります。また、歴史・民俗・地理系諸学会の学会誌、多摩地域を主とする大学の歴史民俗系の研究紀要なども含めて、六四〇誌一万六一〇〇冊ほど所蔵しています。

雑誌の分類は、多摩地域を対象にした歴史系雑誌（TA）、タウン誌（TB）、文芸誌（TC）、その他（TD）、一般の歴史系雑誌（PA）、タウン誌（PB）、文芸誌（PC）、その他（PD）、大学・研究機関の紀要（U）の九種類に分けて整理しています。

多摩地域では戦前から市民が研究団体を組織して、身近な地域の歴史を追究する郷土史研究が盛んで雑誌を発行しています。その嚆矢《こうし》は武蔵野会です。文化人類学者として著名な鳥居龍蔵が幹事長になり、大正五（一九一六）年に設立され、大正七年七月に機関誌『武蔵野』を創刊します。東京・埼玉・神奈川・千葉にまたがる各地の寺社や名所旧跡を訪ねる見学会、講演会や展覧会などを開催しました。当時の学界で活躍する人びとと、各地の郷土史家たちが交流する場でした。戦後、『武蔵野』は武蔵野文化協会に継承され、現在も発行されています。大正時代から令和まで続く地域史研究の稀有な雑誌です。昭和四九（一九七四）年までのものは、原書房と国書刊行会が復刻版を出しています。近年、『武蔵野』の総目録が刊行されて、全期間にわたる活動の状況を知ることが容易になりました。

昭和六（一九三一）年、多摩各地にあった郷土史研究団体が大同団結して、多麻史談会の創立相談会が大國魂神社で開かれます。発起人の菊池山哉をはじめ、八王子史談会、西多摩郡史談会、府中史談会のメンバーが参加しました。昭和八年一〇月に機関誌『多麻史談』を創刊します。戦後は東京史談会『東京史談』と改称して、活動を続けていきました。

　昭和二六（一九五一）年、青梅にあった都立図書館の久保七郎館長たちが西多摩郷土研究の会を設立し、『西多摩郷土研究』を発行しました。当初は西多摩各地で活動していきますが、やがて多摩郷土研究の会『多摩郷土研究』と改称して、多摩全域を対象にしていきます。昭和二〇年代から平成初年代まで続いた雑誌は八王子の百水社から複刻されて、手軽に読むことができます。

　八王子では、振興信用組合の鈴木龍二たちが多摩文化研究会を結成して、『多摩文化』を発行しました。高橋磌一（近世史、歴史教育）、正田健一郎（経済史）、石田龍次郎（地理学）などの論考が載り、自由民権研究の色川大吉や代官研究の村上直も参加して、昭和三〇年代から四〇年代にかけて盛んに活動しています。『多摩文化』には、大久保長安や八王子千人同心、皇国地誌、自由民権関係の史料が解説とともに掲載されています。第一三号は「八王子地方史文献名著集」と題して、『八王子明覧』『八王子繁昌誌』『八王子地方機業調査報告書』『一府九県聯合共進会手引草』など、明治期発行の稀覯書を活字化して載せています。

『多麻史談』

『武蔵野』

『多摩文化』

『西多摩郷土研究』

これらの市民研究団体の活動や雑誌に掲載された論考などは、多摩の地域史研究を推し進めて、自治体史の編さんにも活かされていきました。

地図

地図は、国土地理院発行のもの（MA）とそれ以外のもの（MB）に大別して、歴史資料室で作成した「地図分類表」により（MA）は縮尺別に、（MB）は地域別にして整理しています。一七九〇点ほどあり、開架のボックスファイルと閉架のマップロッカーに収納しています。（MA）は明治期以来の陸地測量部、地理調査所、国土地理院が発行した多摩地域を含む旧版地図が主要なものです。二万五千分一、五万分一、一万分一の地形図と、二〇万分一の地勢図があります。二万五千分一と五万分一は、謄本（複写）を国土地理院から購入しました。当初はモノクロのみでしたが、カラー謄本の頒布が始まったので、二〇一七年から一万分一も含めて改めて収集しました。原版の旧版地図も若干所蔵しています。

関東平野と房総半島・三浦半島にまたがる第一軍管地方二万分一迅速測図原図は、陸軍参謀本部が明治一〇年代にフランスの測量技術で作成したものです。市街地や田畑等の土地利用の様子が記され、図外には当該地の風景や建物が描かれ、全体に水彩絵の具で彩色されて

ボックスファイルに収納した旧版地図

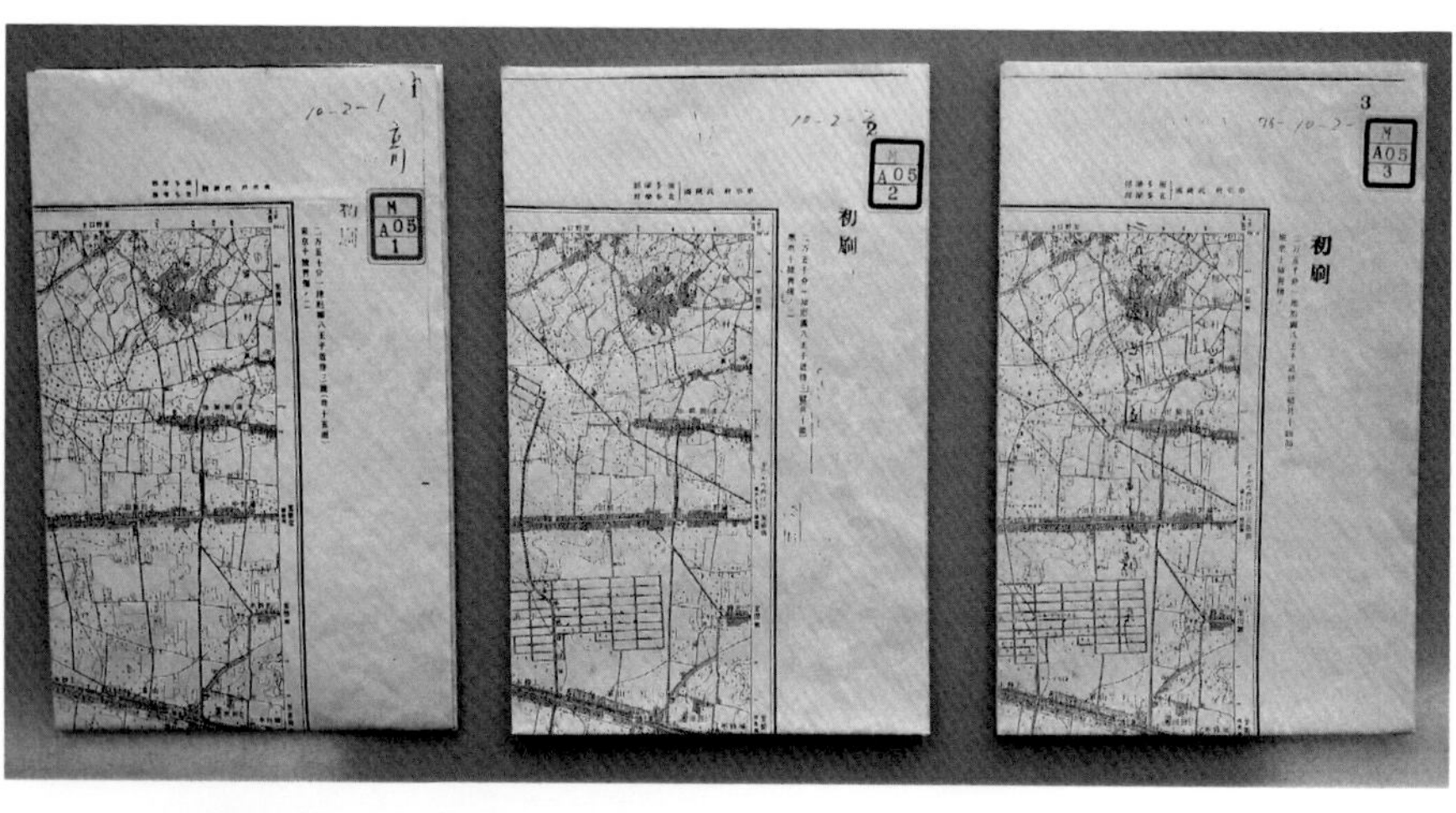

旧版地図は地図折り（蛇腹折りの後に二つ折り）にしている

います。その後、軍制全般がドイツ方式に移行したため迅速測図原図も一色刷に変更され、彩色地図は継承されませんでした。

このフランス式彩色地図は永らく国土地理院の倉庫で保管されていましたが、一九九一年に日本地図センターが九二一枚の地図を一括して復刻版を発行しました。高価格で少部数の復刻でしたが、その後分売されるようになり、多摩地域に該当する六〇枚を購入しました。（MB）には多摩各市や東京都、出版社、新聞社、民間団体、個人など、さまざまな発行者の地図が含まれています。江戸時代の古地図・絵図の複製や都市計画図などもあります。なお、各種施設や文化財、観光案内などの裏面に地図が記載されているものは、地図でなくチラシ・リーフレットに分類しています。

八王子市にあった武相観光社が、昭和一四（一九三九）年から昭和一九年にかけて発行した地図があります。「東京府三多摩全図」「高尾景園地・津久井渓谷・甲武相国境ハイキング地図」「奥多摩山渓・秋川渓谷ハイキング地図」などです。戦時体制下ですので、「東京府三多摩全図」に軍事施設や軍需工場、村山貯水池（多摩湖）などは記されていません。一方、「高尾景園地・津久井渓谷・甲武相国境ハイキング地図」には、昭和二〇年に休止した京王電気軌道御陵線の北野‐御陵前間の線路が載っています。「奥多摩山渓・秋川渓谷ハイキ

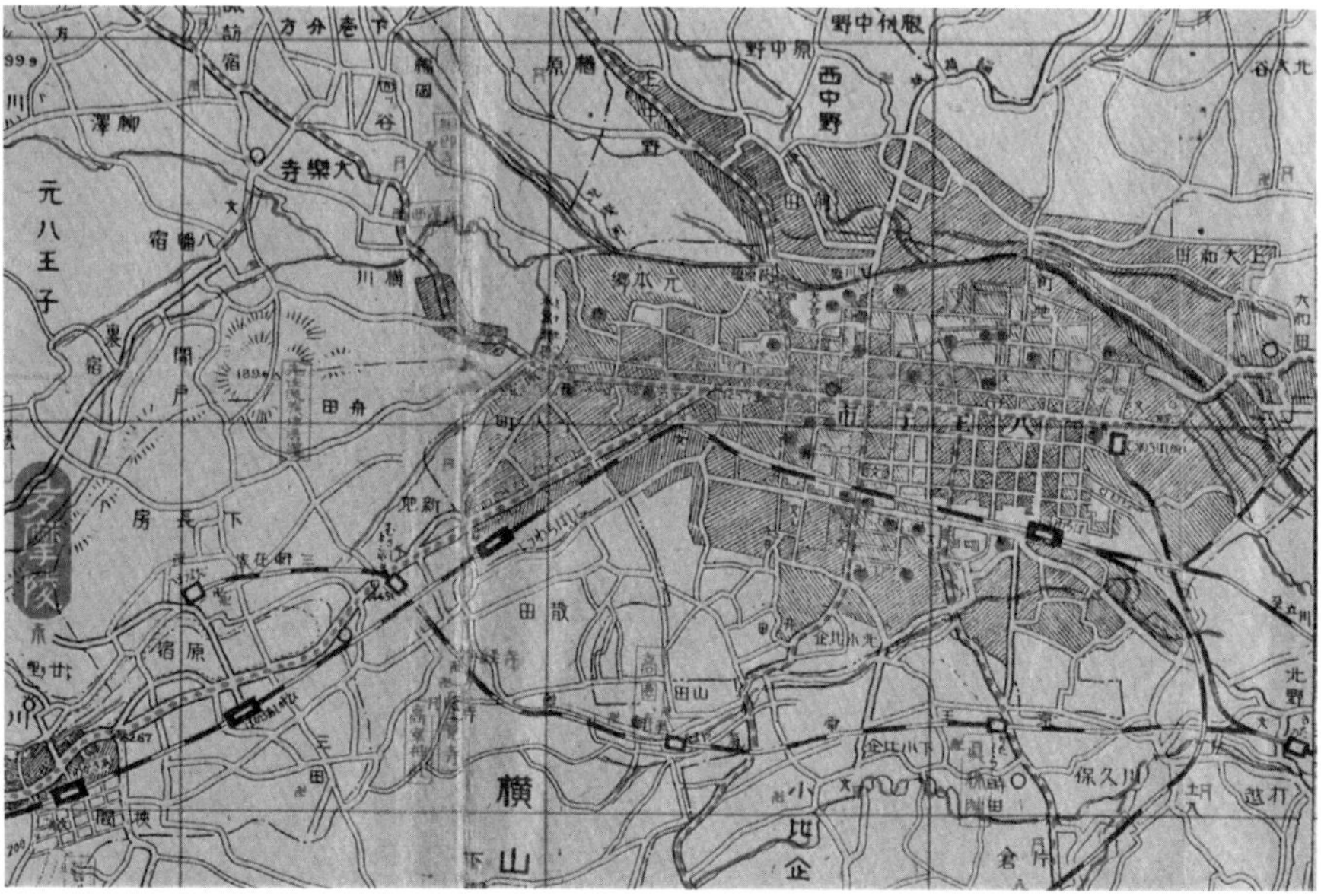

「高尾景園地・津久井渓谷・甲武相国境ハイキング地図」(部分)

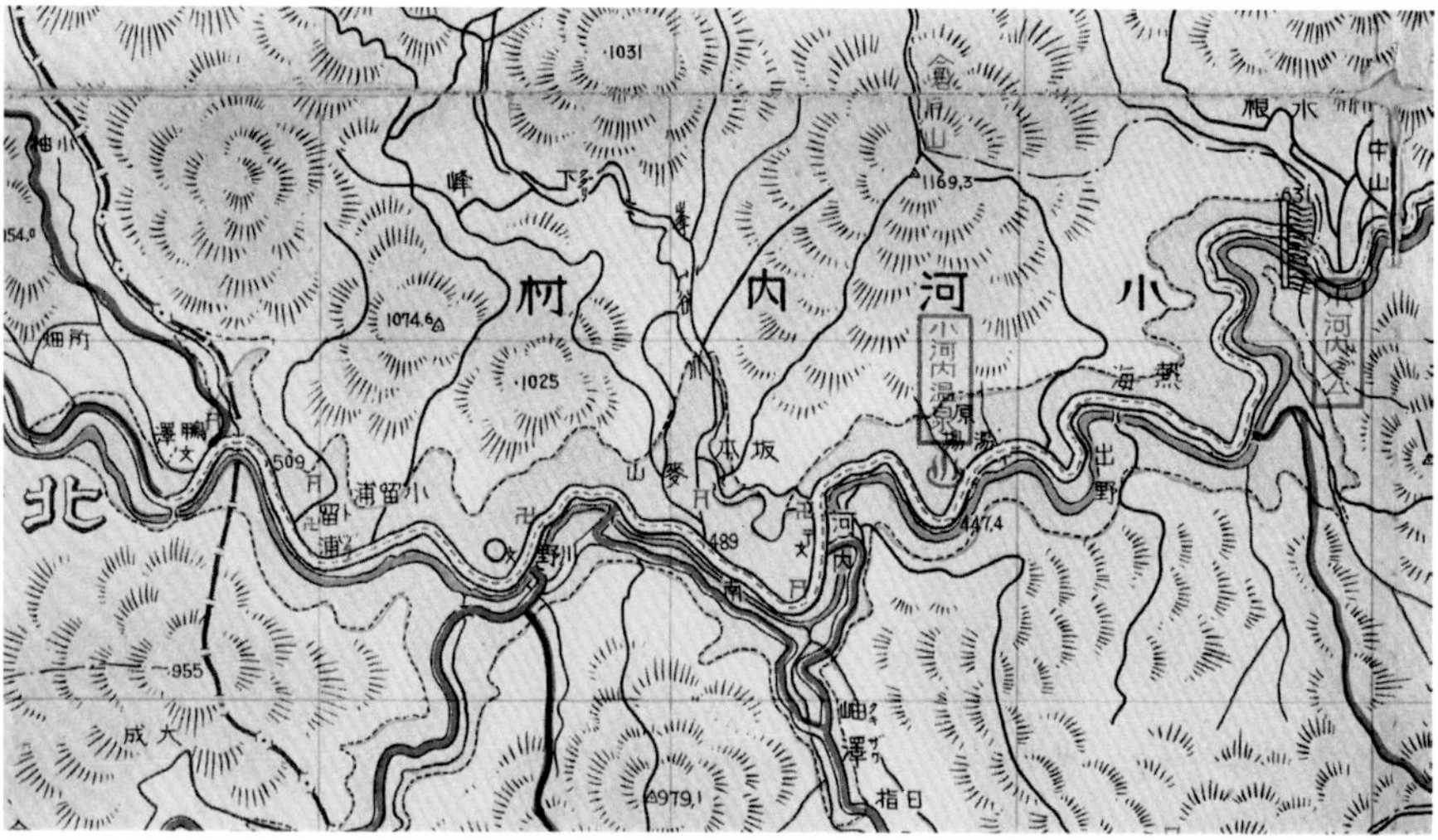

「奥多摩山渓・秋川渓谷ハイキング地図」(部分)

ング地図」は発行年の異なるものが三枚あり、昭和一四年のものは前年に起工したばかりの小河内《おごうち》貯水池（奥多摩湖）がダムとして描かれています。但し、昭和一六年と一八年のものには記載されていません。本書では御陵線と小河内ダムが記載されている部分をモノクロで載せましたが、当財団のデジタルアーカイブでは高精細なカラー画像を公開しています。ぜひアクセスしてご覧ください。

絵葉書

郵便葉書の裏面に絵画や写真が印刷された絵葉書は、二〇世紀初頭に日本で普及しました。日露戦争（一九〇四～〇五年）では「戦役記念」の絵葉書が多数発行されました。当時の新聞掲載の写真は不鮮明で、鮮やかな写真絵葉書は人びとを惹きつけました。名勝や風景、建築物などを題材にした名所絵葉書、祭りや習俗、日常風景を伝える風俗絵葉書、事件や事故を伝えるニュース絵葉書、官公署、学校、商店の新築・開業や事業内容を伝える宣伝絵葉書などがあります。

この中で、量的に多いのは名所絵葉書です。歴史資料室では、多摩川、玉川上水、高尾山、多摩御陵、奥多摩渓谷、村山貯水池、大國魂神社、井の頭公園など多摩各地の名所をはじめ、東京二三区や全国各地、海外に及ぶ絵葉書を六四五〇点ほど所蔵しています。地域別にして、ポストカードホルダーに整理収納しています。このうち、明治期から昭和前期に発行された三一〇〇点ほどは、デジタルアーカイブで公開しています。個別の事例は、デジタルアーカイブのところでお話しします。

チラシ・リーフレット

チラシは一枚刷りの印刷物を対象とします。一枚の用紙を二つ折りや三つ折りにしたリーフレットも同様です。チラシは大量に印刷して配布することで、その内容を広く宣伝するもので、古くは引札《ひきふだ》という名称が使われました。複数枚の用紙を仮綴じにしたパンフレットもここに含めました。

　歴史資料室では、明治期から昭和中期にかけてのチラシ・リーフレットとパンフレットを五四〇〇点ほど地域別にして、クリアファイルとマップロッカーに収納して所蔵しています。発行者は、鉄道会社、土地会社、旅行会社、観光協会、旅館・ホテル、映画館、寺社、役所、学校、個人など、多岐にわたっています。なお、昭和中期以降のチラシ・リーフレットとパンフレットも収集・所蔵していますが、一点ごとのデータ整理は今後の課題です。

地図、大判チラシ、
ポスターを吊り下げた
マップロッカー

ポスターを積み重ねたマップマスター

ポスター

一九九一年の当財団設立以来、歴史資料室に送られてきたポスターは廃棄しないで保管してきました。但し、他の資料の整理を優先して、ポスターは閉架の片隅に年ごとにまとめて積んだままとなっていました。ようやく二〇一一年よりデータ整理に着手して、二〇一三年一〇月に多摩地域を主とする一〇七〇点をホームページに公開しました。資料検索システムの「チラシ」を「チラシ・ポスター」に変更して、タイトルなどの情報を、チラシ・カテゴリーに追加しました。以後、多摩地域以外のデータ整理も進めて、二〇一九年七月には所蔵するポスターすべてを公開しました。現在、四五三〇点ほどをマップロッカーとマップマスターに収納して所蔵しています。

写真

写真は、『多摩のあゆみ』に掲載した写真と執筆者写真、伊与田昌男コレクション、空中写真など三万七八〇〇点ほどを所蔵しています。

『多摩のあゆみ』は、論考中に各分野の資料写真や風景写真を掲載しています。これらの写真は、執筆者や写真所蔵者・機関から提供されたものがほとんどです。編集には紙焼き複写版を作製して使用し、借用したオリジナル写真は編集が終了すると返却しました。複写した写真と当財団で新たに撮影した写真は、Ｂ５判の台紙に添付して整理しました。台紙には、分類番号、タイトル、所蔵者、撮影場所、撮影年月日、撮影者、掲載号数などの項目を設けて、判明する情報を記載しました。分類番号は、図書と同様の地域分類と主題分類を付与しました。写真台紙は分類番号ごとにファイルに収納しています。

　この写真群を整理し始めたのは、財団設立以後のことです。初期の号数は複写版写真がなく、情報が不明なものもあります。現在、七六〇〇点ほどを所蔵しています。大部分の写真の著作権は執筆者や所蔵者・機関にあり、当財団は『多摩のあゆみ』掲載写真の情報を整理して把握しています。但し、第一二〇号（二〇〇五年一一月発行）以降は次第に画像データが増えて紙焼き複写は減少していき、写真台帳は作製しなくなりました。現在、掲載写真の情報はエクセルデータで整理しています。

　『多摩のあゆみ』に執筆者の顔写真を掲載するようになったのは、創刊四年目の第一四号からです。掲載写真と同様に紙焼き写真をＢ５判の台紙に添付して、分類番号、氏名、所属、在住市町村、掲載号数などの情報を記載しました。五十音順にファイルに収納して、一二〇〇名ほどの顔写真を所蔵しています。こちらも現在は画像データになり、台紙に画像

『多摩のあゆみ』掲載写真と執筆者写真のファイル

台紙に添付した執筆者写真

データを添付して情報を整理しています。執筆者の中には複数の顔写真を所蔵している人もいて、多摩の地域史研究を担ってきた研究者の人物データベースとなっています。

伊与田昌男コレクションは、八王子市出身の伊与田昌男（一九一四～一九八九）が撮影した二万八四〇〇点余に上る写真コレクションです。伊与田は美術学校を卒業後、朝日新聞社の写真部員になり、太平洋戦争中は海軍報道班員となってインドネシアに派遣されます。戦後は結核で入院療養しますが、医療雑誌社の写真部長やフリーのカメラマンとして活躍しました。一九九二年にご遺族より当財団へ寄贈いただきました。

伊与田は子どもに愛情を注ぎ、多摩の子どもたちの姿を風景とともに撮影しています。清瀬の国立東京療養所に入院中は患者や医師たちを撮影し、俳人石田波郷らとの文化活動も記録しています。コレクションの撮影時期は一九三〇～八〇年代にわたり、東京二三区の風物や祭の写真、関東地方を中心に東北・北陸・近畿などの写真もあります。

フィルム規格は、6×6、4×5、35ミリなどのネガ・ポジフィルムです。各写真の情報は不明な点が多々ありますが、伊与田の著作やメモを手がかりに改めて作製したコンタクトプリントとともにフォトアルバムに記載して整理しています。ネガ・ポジフィルムはビネガーシンドロームが発生していて、保存方法の改善を計画中です。また、伊与田本人や伊与

日野高幡（昭和12年）

多摩川（昭和12年）

多摩村（昭和13年）

八王子上野町（昭和12年）

伊与田昌男が撮影した昭和前期の多摩の子どもたち

田作品の調査研究も進行中です。

空中写真は、当財団に設けた「多摩地域の戦時下資料研究会」の活動の一環として、二〇〇四～〇九年にかけて収集した写真群を主とするものです。国土地理院とアメリカ国立公文書館所蔵のものを日本地図センターより購入しました。内容は日本陸軍（一九三六～四四年撮影）、米軍（一九四四～四五年撮影、一九四六～四八年撮影）に分かれる戦中・戦後の空中写真五九七点です。同研究会は戦時下の事柄を追究することを目的として、『多摩のあゆみ』第一一九号（特集・戦時下の地域社会）、第一四一号（特集・戦時下の地域社会その2）、第一七六号（特集・米軍基地と多摩）に成果をまとめました。

その他、民間測量会社が撮影した空中写真と合わせて六七〇点ほど所蔵しています。

包装紙

ここからの資料群は冊子目録を公開しておらず、今まで広く情報発信してこなかったものになります。

店舗が販売する商品を包むのに用いる包装紙は、その店や商品の特色を表わす意匠が描かれています。当財団への頂き物は中身を食したのち、包装紙は捨てないで地域別にクリアファイルに収納して整理しています。一九九三年から収集して、多摩地域二七一店舗一二二五点、その他四五一店舗一〇三八点、合計七二二店舗二二六三点を所蔵しています。

多摩地域の店舗を地域分類順に挙げると、有喜堂本店、松姫、青木万年堂、もちとし、旭苑、珈琲実験室、元木屋菓子舗、エミリー・フローゲ、紀の国屋、花奴、立川伊勢屋、小ざさ、こしの、カレルチャペック、満ち多、紅梅苑、東洋米菓、小澤酒造、柳丸、青木屋、ジェノワーズ、モナムール、桝屋、元木屋、茶の子、松月堂、今木屋、若葉堂、蛸八、亀屋本店、三陽、田村米菓、天平庵、藤生《ふじう》企画、松盛堂、和敬堂、レ・アントルメ国立、白十字、マロニエなど、各地の馴染みの店が並んでいます。地域ゆかりの店舗や会社の包装紙は、大切な地域資料といえましょう。

マッチラベル

マッチは一九世紀中頃にイギリスで考案され、明治維新後すぐに日本でも製造されるようになります。国産マッチはラベルのデザインに日本の伝統文化を取り入れて、重要な輸出品となりました。その後、旅館、ホテル、デパート、喫茶店、フルーツパーラー、企業など、宣伝つきのマッチラベルが次々に誕生して、工夫をこらしたデザインにキャッチコピーが印

各店のマッチラベル

字された広告媒体として利用されてきました。

現在、マッチはほとんど使用されなくなりましたが、マッチラベルはコレクションの対象となって、時代や世相を表現する歴史的資料となりました。歴史資料室が所蔵するマッチラベルは、複数のコレクターから寄贈いただいたものです。地域別にクリアファイルに収納して整理して、多摩地域一九〇点、その他一三五点、合計三二五点を所蔵しています。将来の公開に向けて画像ファイルを作成しています。

新聞記事

私は当財団設立前年の一九九〇年四月から、多摩文化資料室に勤めることになりました。多摩地域の文化的な動向を知るために、新聞各紙多摩版の記事を切り抜いて、収集・整理しました。紙名と発行年月日を手書きで記して、すべてＡ４サイズでコピーして年月日順にファイリングし、原紙も保存しました。途中で担当者は交代しましたが、このスタイルで新聞記事を収集していきました。

二〇〇六年にスキャナを導入すると、新聞記事は簡単にＰＤＦ化できるようになりました。その後は記事をＰＤＦファイルで保存して、以前の分もすべてＰＤＦ化しました。一九九〇年から二〇二二年まで、三三年間の新聞記事は二万六二七三件ほどになります。

また、多摩文化資料室時代の新聞スクラップや、財団設立後に個人や機関から寄贈いただいたスクラップもすべてＰＤＦ化して、計三〇〇六件ほどあります。原紙が貼られたスクラップはそのまま保存しています。合わせて合計二万九二七九件の新聞記事を収集しています。

新聞記事全体の有効的な活用方法は今後の課題ですが、連載記事の一部はプリントアウトを図書登録して公開しています。ホームページの資料検索システムで図書の書名欄に「切抜き」と入力して検索すると、一七二件がヒットします。歴史資料室に排架していますので、手軽にご覧いただけます。

3　『多摩のあゆみ』のデジタルアーカイブ

ここからは、デジタルアーカイブに関してお話します。

二〇一七年九月、『多摩のあゆみ』バックナンバーのうち、創刊号から第一〇〇号までをＡＤＥＡＣに公開し、さらに二〇二〇年二月には、第一二〇号までを追加しました。ＡＤＥＡＣは、ＴＲＣ-ＡＤＥＡＣ株式会社が制作・運営するクラウド型プラットフォームシステムです。各種資料のデジタルアーカイブを検索・閲覧することができて、全国の図書館や博物館、大学など一三二機関が利用しています。

『多摩のあゆみ』をデジタルアーカイブで公開したことにより、バックナンバーの本文がネット上で閲覧できるようになりました。創刊から四五年余りを経過して、古いバックナンバーは在庫のない号数が増えてきました。デジタルアーカイブは、在庫欠となったバックナンバーでも、ネット環境さえあれば希望者に提供するものでもあります。

各号の特集名や目次の論考タイトル、著者名、あるいは特定のキーワードで、目的の論考を検索して読むことができます。例えばデジタルアーカイブのトップページから「玉川上水」をキーワードに検索すると、六〇件の結果が表示されます。資料グループ名の内訳を見ると「多摩のあゆみ」二七件、「絵葉書」二六件、「多摩の歴史を立体視！―赤色立体地図の風景―」七件と表示されています。これは資料群ごとの件数で、『多摩のあゆみ』は二七件がヒットしました。絵葉書と赤色立体地図に関しては、後ほど触れることとします。

資料グループ名「多摩のあゆみ」をクリックすると、表紙の画像とともに二七件に絞り込まれます。結果は目録タイトルや作製年などで並び替えができますが、目録ID（昇順）で並び替えると、号数順に、特集名やグラビア、論考タイトルが表示されます。

最初に表示されたのは、「玉川上水」を特集した第四号（一九七六年八月）です。次いで「グラビア・水の道　玉川上水」をはじめ、第四号に掲載された六本の論考が続いています。最初の「画像ビューア」をクリックすると、第四号の表紙が現れて、左サイドには第四号全体の頁サムネイルが表示されます。各論考タイトルの「ビューア」をクリックすると、該当する論文の最初の頁が現れて、左サイドのサムネイルは第四号全体が表示されます。

各論考の執筆者には、懐かしい先生方の名前が並んでいます。伊藤好一《よしいち》、立川愛雄、矢嶋

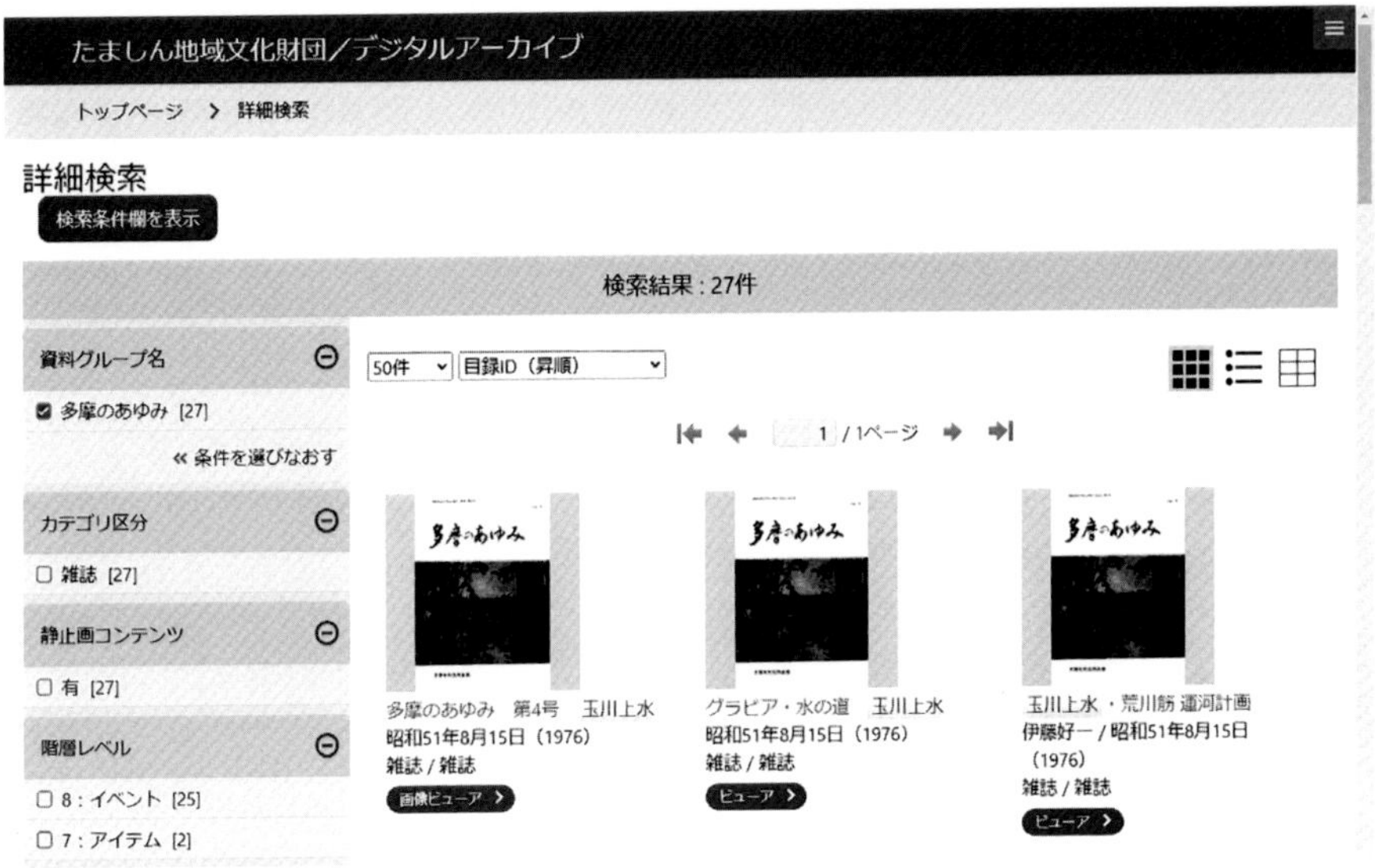

デジタルアーカイブの検索結果

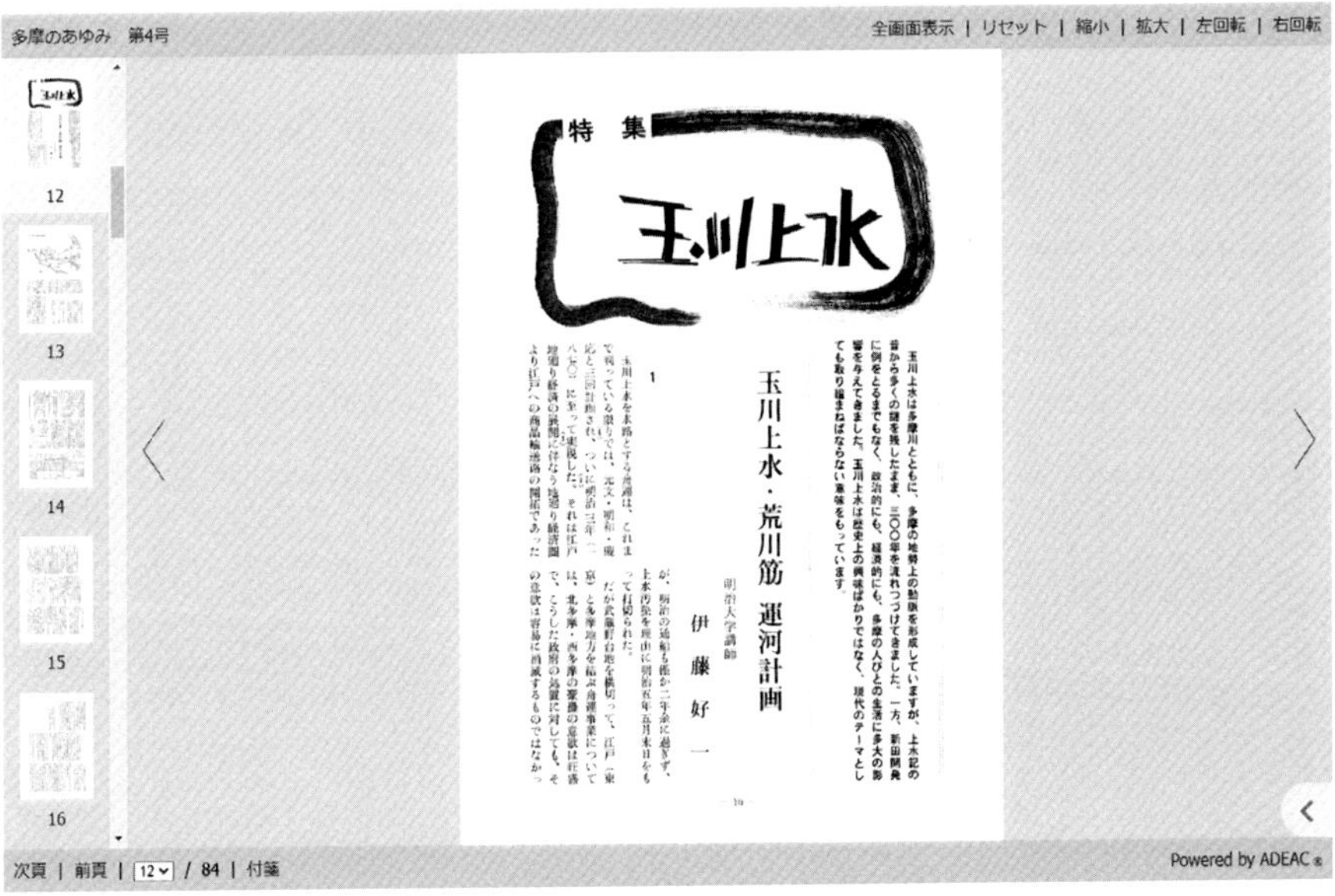

『多摩のあゆみ』の本文

仁吉、蓑田僴《たかし》、鈴木理生《まさお》……、多摩の地域史研究に尽力された方々です。このうち、伊藤好一著「玉川上水・荒川筋 運河計画」は、玉川上水を水路とする明治初期の舟運をめぐる状況を論じたものです。玉川上水に関する基本的論文として、後に羽村町教育委員会編『玉川上水論集Ⅰ』（羽村町史史料集第八集、昭和五七年）に再録されました。

観点を変えて「図書館」をキーワードに検索してみましょう。一七件の結果が表示され、「多摩のあゆみ」は一五件です。「多摩のあゆみ」を目録ID（昇順）で並び替えると、最初に佐藤忠恕著「多摩を考える　市町村図書館における郷土資料」が表示されます。この論考は、「玉川上水」を特集した第四号に掲載されています。佐藤忠恕は武蔵野市立図書館長を務めて、『武蔵野文庫解説目録―郷土誌研究家のために―』を武蔵野市から刊行しました。本書は多摩地域の歴史研究に関する図書と雑誌二五〇点を、著者とともに解説したものです。「市町村図書館における郷土資料」では、行政資料を含む郷土資料（地域資料）の収集と参考事務（レファレンス）の重要性を提起しています。「市町村図書館が郷土資料の収集に努力することによって、その図書館は他のいかなる図書館にもなし得ない、独自の参考事務を行い得る」「郷土資料は地域住民の要望に応える第一資料であり、市町村図書館に独自性を付与する中核的な資料といっても過言ではない」という主張は、今でも地域の図書館が真摯に取り組むべき課題でしょう。

　第一二〇号（二〇〇五年一一月）は創刊三〇周年の記念号で、「わたしたちの図書館・博物館」と題して、市民と向き合う地域の図書館と博物館を特集したものです。図書館に関しては、総論の斎藤誠一著「多摩地域の図書館の今後を考える」をはじめ、〈地域に根ざす〉〈市民と育む〉〈互いに繋がる〉をテーマに、各地の様子が述べられています。堀渡著「多摩の共同保存図書館づくり運動」には、ＮＰＯ法人共同保存図書館・多摩（通称：多摩デポ）発足以前の状況が記されていて、多摩デポ発足の経緯を知るための参考文献となっています。

『多摩のあゆみ』は、多摩地域に関する各分野や各時代の事柄を調べるためのエンサイクロペディア、百科事典だといわれたことがあります。『多摩のあゆみ』をデジタルアーカイブで公開したことにより、今まで本誌の存在を知らなかった人たちにも情報が届くようになりました。さまざまな問題関心や新たな観点から『多摩のあゆみ』を手軽に読んでいただき、活用することができるようになりました。

　ネットを介した情報のやりとりは急速に増えてきて、今後も拡大していくでしょう。『多摩のあゆみ』をデジタルアーカイブで公開したことにより、歴史資料室の情報発信は新しいステージに入ったといえましょう。

4　所蔵資料のデジタルアーカイブ

次に、所蔵資料のデジタルアーカイブについてお話します。『多摩のあゆみ』公開の翌年、二〇一八年一一月に歴史資料室が所蔵する絵図・地図一六点とチラシ二三点、二〇二〇年一一月には絵図・地図一五点とチラシ二点を追加して、計五六点を公開しました。

こちらは、絵図・地図カテゴリーにある「東京府郡区全図」です。この地図は、国立公文書館や東京都公文書館、都立中央図書館などでも所蔵しているものです。東京府が編集・製図して、明治二九（一八九六）年七月に神田区淡路町の清華堂から発行されました。東京市十五区は、街道・鉄道・河川・区境界と宮城などが記されているだけです。東京市を囲む隣接五郡（荏原・豊多摩・北豊島・南足立・南葛飾）と多摩三郡（北多摩・南多摩・西多摩）は、より詳しい情報が記載されています。明治二六年四月に多摩三郡が神奈川県から東京府に移管されましたから、移管三年後の東京府の状況が記されているものです。

デジタルアーカイブはスムースに画像を拡大して、細部まで見ることができます。同図の郡部を拡大して詳しく見ていくと、道路は一等から五等までの種別に分かれ、一等の国道に

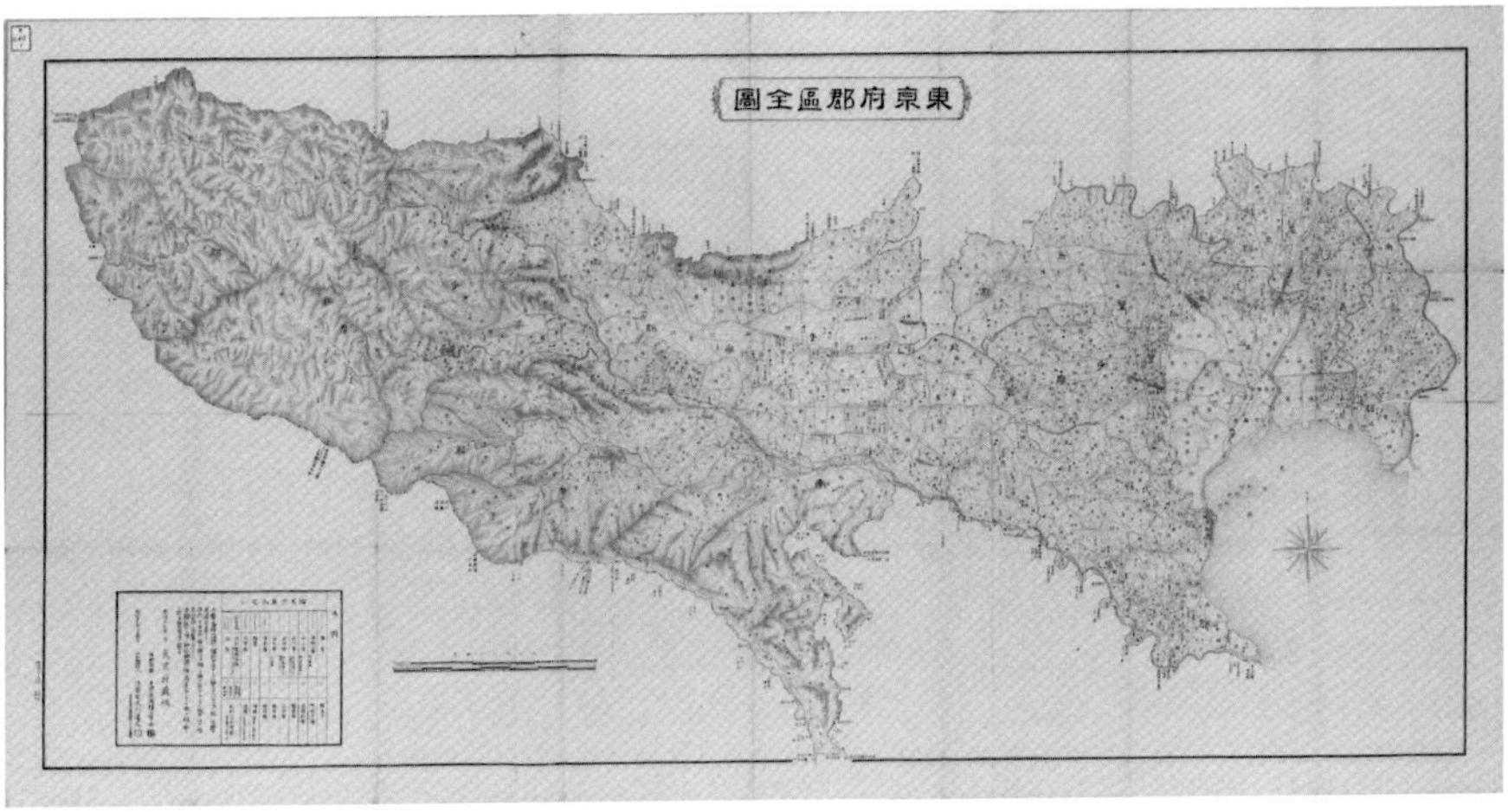

「東京府郡区全図」(清華堂、明治29年発行)

「東京府郡区全図」(部分)

所在する宿駅などの町場はその形状も示されています。鉄道の停車場、郡界、河川・池・用水路、山岳をはじめ、郡役所、町村役場、区裁判所、警察署、逓信局、電信局、神社仏閣の場所も分かります。さらに、町村内の大字《おおあざ》境や高等科・尋常科別の町村立小学校の位置も鮮やかな色で記されています。とくに大字の境界や名称は、江戸時代の村落の位置関係を検討する上で大変重要です。この地図には明治中期の東京府に関する諸事項が記されていて、それ以前の状況を知る手がかりも含まれている貴重な地域資料といえましょう。

次に、チラシ・カテゴリーにある「鮫陵源《こうりょうげん》案内」を見てみましょう。

鮫陵源は昭和一一（一九三六）年に開園した遊園地です。京王電気軌道（現・京王電鉄）の平山駅（現・平山城址公園駅）北側の浅川対岸に、約三万坪におよぶ鮫陵源が建設されました。経営者は鮫島亀之助という銀座で輸入品を扱う店を構えた実業家で、京王電気軌道の大株主でした。釣を趣味にする鮫島は、この地に遊びに来て平山の豊富な湧水を見て、養殖池と釣堀、養殖魚を調理してその場で食事できる洋風の食堂、和風の離れの夢想庵や洗心庵、さらに子どもの遊園地を兼ね備えた鮫陵源を設立しました。

昭和一五（一九四〇）年には全施設が完成しました。南門入口には三角屋根の遊園事務所があり、養殖池は約六〇区画に分かれ、アユ・マス・コイ・フナ・ナマズなどの食用魚、金

鮫《かう》陵《りよう》源《げん》
淡水魚水禽飼育場
遊園と釣魚
北門
食堂
一ノ滝
竹林
兎舎
渓池
初瀬川
夢想庵
宿直所
頴川
大山滑台
小児滑台
有明ノ滝
洗心庵
臨泉亭
瓢池
噴出井戸
廻旋台
ブランコ
遊円木
八橋ノ池
テニスコート
展望台
賣店
徒渉池
便所
蓮池
南門入口
鮫陵弁天
鱒釣り池
鯉釣り池
水禽飼育所
飼料調理所

「鮫陵源案内」(部分)

魚などの観賞魚、ガチョウ・アイガモなどの水禽《すいきん》類がいました。遊園地には、ブランコやシーソー、巨大な大山滑り台、鮫陵源独自のウッドボールゴルフなどがあって、子どもたちで賑わいました。

戦火が激しくなった昭和一八年に営業を中止し、戦後は経営者が代わって料亭鮫陵源となります。跡地は昭和三九（一九六四）年に、東京都住宅供給公社が平山住宅を建設しました。このチラシは、多摩の郊外行楽地を調べるうえで、欠かせない資料です。

二〇二〇年一一月、デジタルアーカイブの内容を大幅に更新して、全体のデザインを一新しました。この更新にあたっては、（公財）図書館振興財団より二〇一九年度提案型助成事業として助成を受けました。

まず、『多摩のあゆみ』で連載中の赤色立体地図の論考と高精細な画像を公開しました。連載「多摩の歴史を立体視！――赤色立体地図の風景――」は、第一七四号（二〇一九年五月）から始まりました。本誌の紙面では、赤色立体地図を高精細なカラーで掲載することができません。そこで本誌に掲載した赤色立体地図をＡＤＥＡＣの高精細ビューアで、合わせて論考をＰＤＦで公開しました。

赤色立体地図とは地形の立体表現手法で、傾斜量を赤色の彩度で、尾根谷度を明度にして

デジタルアーカイブのトップページ

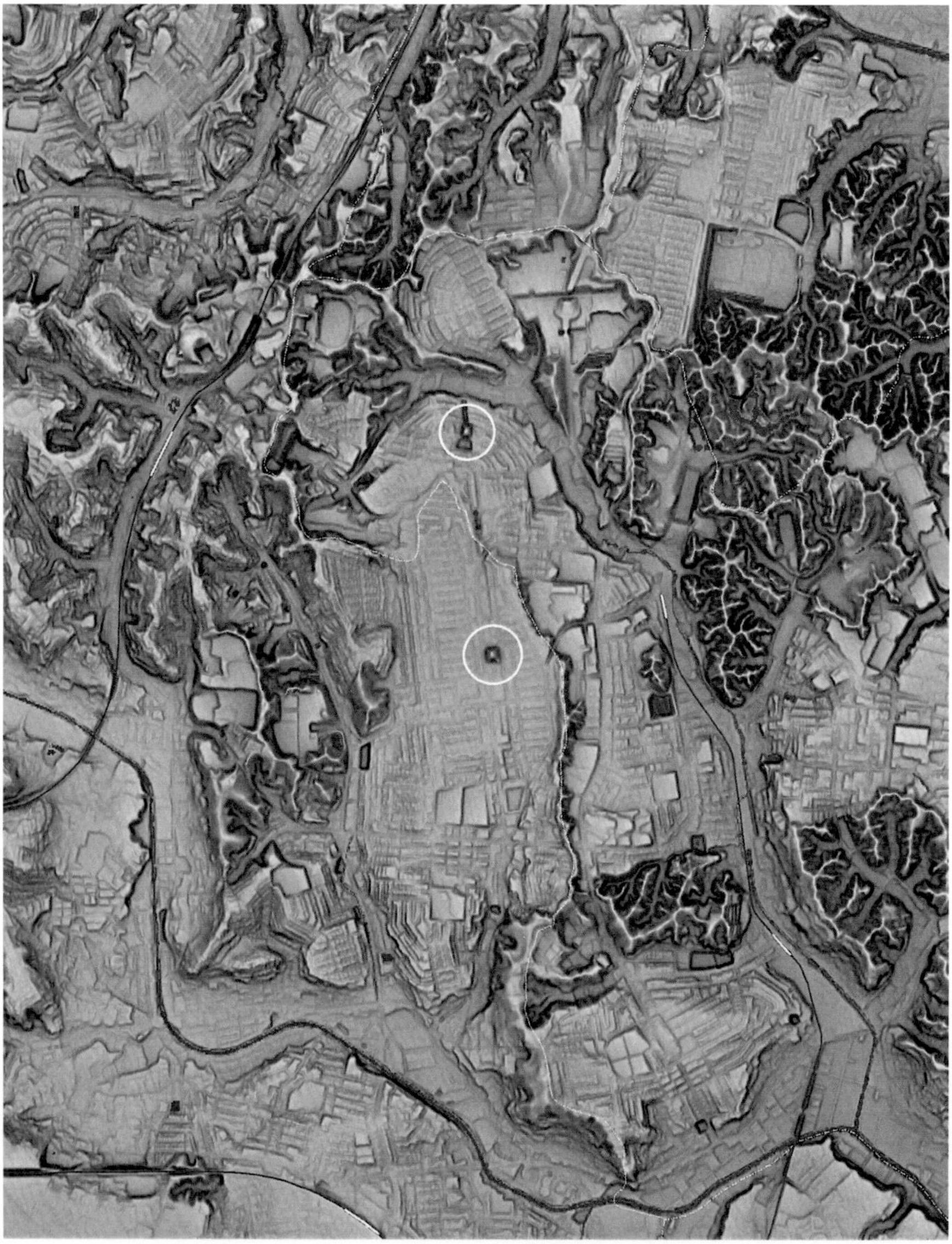

赤色立体地図「町田市成瀬三丁目」『多摩のあゆみ』第174号

（作成：アジア航測株式会社）

表現する地形図です。従来の地形表現にあった方向依存性などの欠点を克服して、一枚の画像でさまざまな地形を詳細に立体表現できる特長があります。制作手法の特許はアジア航測株式会社が保有し、本連載は発明者の千葉達朗氏（アジア航測株式会社先端技術研究所）に協力いただきました。公開にあたっては、アジア航測株式会社と当財団の間で覚書を結びました。現在、連載は一六回に及んで、二四点の赤色立体地図を公開しています。ぜひデジタルアーカイブにアクセスして、高精細な赤色立体地図をご覧ください。

同時に、明治から昭和前期にかけて作成された絵葉書三一〇〇点ほどを公開しました。絵葉書は、自在に拡大縮小できるマップや、地域やテーマなどから検索できます。また、サムネイルの一覧からも検索できます。サムネイル一覧は、画像のみのグリッド表示と、情報を表示したリスト表示があります。ちなみに、グリッド表示の画像にマウスポインタを合わせると、タイトルが表示されます。

最初の二点は、ガラス乾板を使用した幻灯写真です。ガラス幻灯写真は、撮影したものに彩色が施されています。玉川上水沿いの小金井桜と日野の百草園を撮影したものです。

複数枚にわたって袋に入っている一連の絵葉書は、全体の構成を表示して、一点ごとに確認することができます。これは一連の絵葉書「井の頭風光」の袋です。右サイドには、絵葉

デジタルアーカイブ絵葉書のトップページ

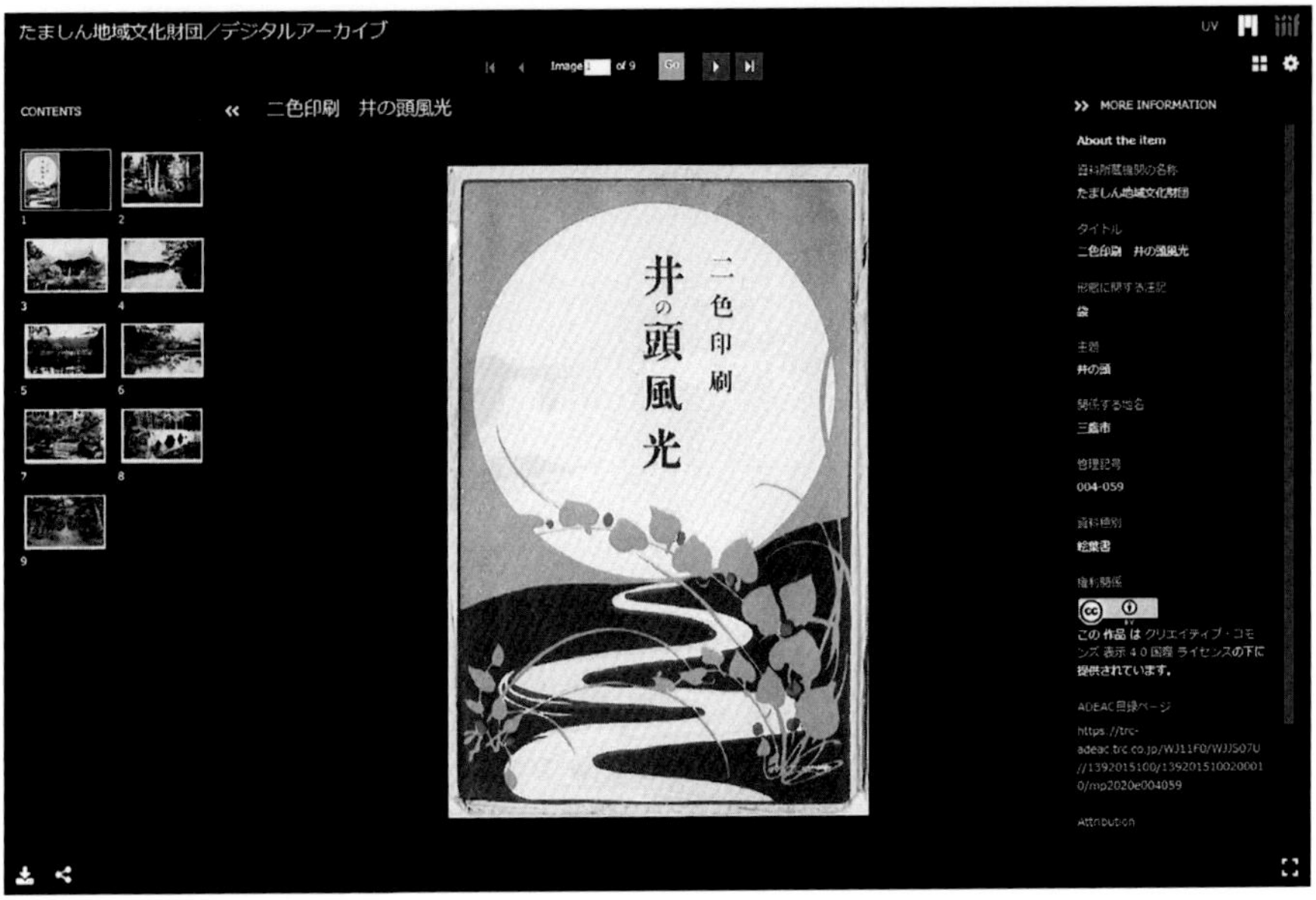

絵葉書「井の頭風光」

絵葉書「奥多摩川軍畑の渡」

書の情報と著作権に関するクリエイティブ・コモンズが記されています。BYライセンスは、作品を複製・頒布・展示する際は著作権者の表示を必要とします。

左サイドには、この袋の中には八点の絵葉書が入っていることを示しています。井の頭弁財天の歴史は古く、平安時代に創建したものと伝えられ、徳川家康や家光も訪れています。弁財天は井の頭池のほとりにあり、江戸市中の飲料水を賄った神田上水の水源としても有名です。

その下は、「奥多摩川軍畑《いくさばた》の渡」と題する絵葉書です。絵葉書の上方には、「武蔵 御嶽《みたけ》登山 紀念」と記された甲冑スタイルのスタンプが押されています。この渡しがある多摩川の上流には御嶽山があって、武蔵御嶽神社が鎮座しています。武蔵御嶽神社の御師《おし》たちは、江戸時代から御嶽講を組織して、各地から多くの参詣者が訪れています。

「奥多摩川」という名称は、多摩川や秋川の上流域一帯の観光開発と旅客誘致を図るため、大正時代の末頃から使われ始めました。それ以前に「奥多摩」という名称はなく、この時期から一般化していきました。現在、この渡し場には軍畑大橋が架かっています。南岸の橋際には東屋《あずまや》が建つ休憩スペースがあって、この地に古くから渡し場があったことを示すレリーフ画と解説文を記した石碑が据えつけられています。

まとめにかえて

二〇二〇年三月二五日、東京都より新型コロナウイルス感染症の蔓延により、不要不急の外出自粛要請が発表されました。これに伴い、歴史資料室は翌二六日より五月末日まで、二カ月あまり臨時休館しました。職員も在宅勤務体制にシフトして、五月一五日に発行予定だった『多摩のあゆみ』第一七八号は、ひと月半遅れの六月末に発行しました。

翌年二〇二一年四月二五日から五月末までの一カ月間、再び歴史資料室は臨時休館しました。そして現在、第八波は沈静化しましたが、今後も警戒を怠ることはできません。

このような状況の中、デジタルアーカイブのアクセス数はどのような推移をたどったのかを見てみましょう。二〇一七年九月にデジタルアーカイブを公開した当初は、ひと月約一万ページ・ビューのアクセス数で、翌年一一月に絵図・地図とチラシを公開すると、一万五〇〇〇ページ・ビュー前後に増えていきました。ちなみにページ・ビューは、画像ビューア（画像閲覧画面）の総数をカウントしたものです。

コロナ禍のため、歴史資料室が臨時休館した二〇二〇年三月のアクセス数は二万八〇〇〇、四月は三万三〇〇〇、五月は四万一〇〇〇ページ・ビューと急増しました。二度目に臨

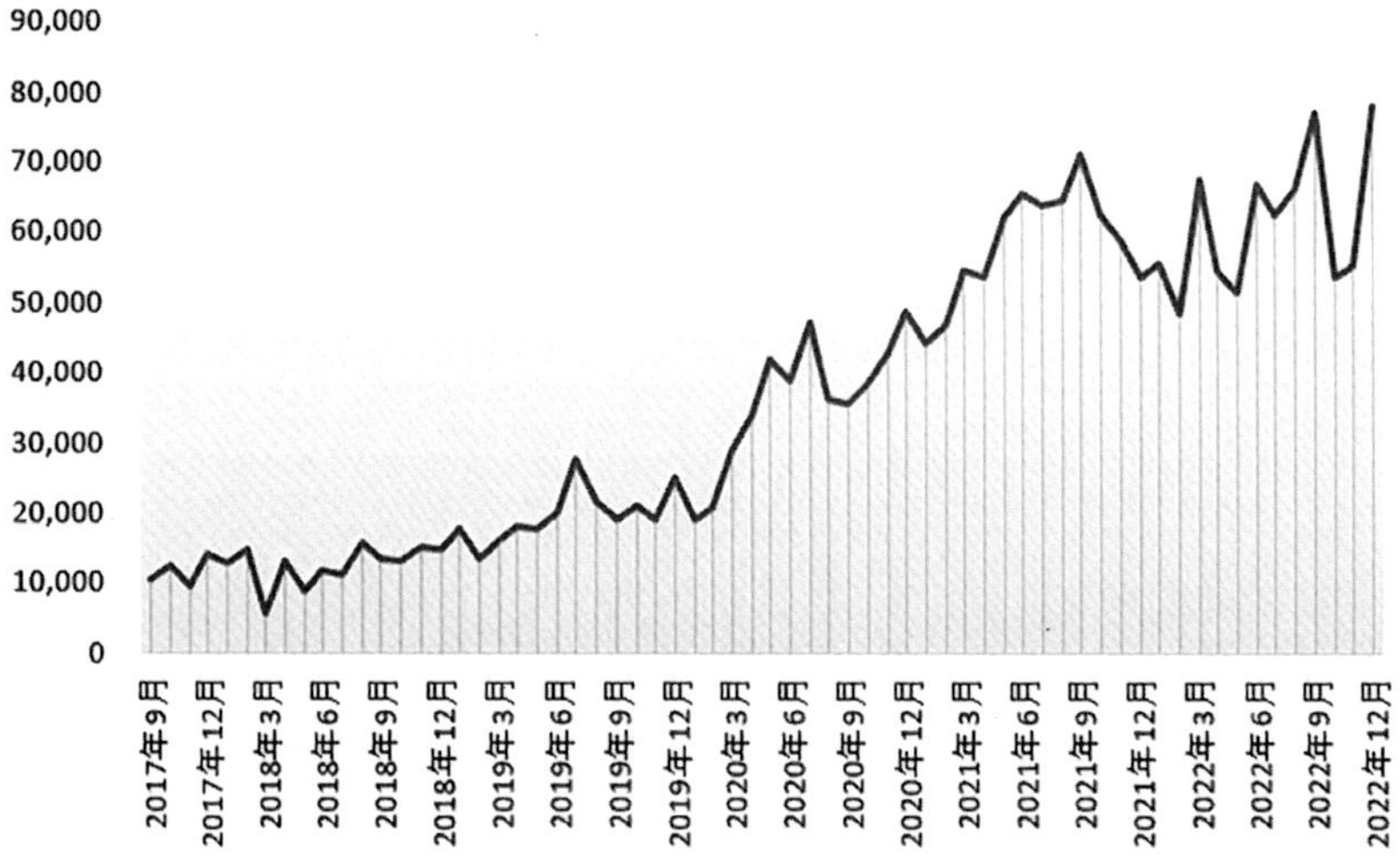

デジタルアーカイブのアクセス数

時休館した二〇二一年四月は五万三〇〇〇、五月は六万二〇〇〇ページ・ビューとさらに増えていきました。その後、二〇二二年末までは五万から七万ほどのアクセス数で推移しています。

　六年前にデジタルアーカイブを公開した時と比べると、現在は五～七倍に増えてきました。この間、多くの人たちが日常生活のスタイルを変えて、リモート会議やオンライン講演会、ウェブ展覧会などの開催も多くなってきました。アクセス数の急増は、インターネットを利用する情報収集の一環として、利用が増えてきたためでしょう。

　本書の「地域資料の収集と整理」で述べたように、歴史資料室では長年にわたって各種の地域資料を収集・整理してきました。コロナ禍は、期せずしてデジタルアーカイブの利用を促進したようです。しかしながら、日頃から実際の地域資料の収集と整理に務めていなければ、デジタルアーカイブを作成することはできません。ブックレット2の『地域資料の収集と保存―たましん地域文化財団歴史資料室の場合―』を発行したとき、地域史に精通する知人から「利用についても触れてほしかった」といわれて、その通りだと思いました。

　そうした意味で、デジタルアーカイブは地域資料の利用を促す有効な方法ではないでしょうか。当財団は今後とも地域資料の収集と整理を進めて、さらに『多摩のあゆみ』バックナンバーと所蔵資料のデジタルアーカイブにも努めていく所存です。

　振り返ると、一九九〇年四月から多摩文化資料室に勤め始めて、翌年の財団設立と歴史資料室の開設に関わりました。それ以来、今日まで三四年にわたって歴史資料室の一員として歩んできました。できることは限られていますが、自分の考えや企画が実現していく喜びを経験しました。この間、歴史資料室の事業は、坂田宏之さん、岩崎冴子さん、山田兼一郎さん、歴代スタッフの小沼公子さん、坂本梓乃さん、若松香織さん、廣川鈴子さん、そして宮崎紀子さんたちとともに積み重ねてきたものです。本書を刊行するにあたって、改めて皆さんに心より感謝申し上げます。

多摩デポブックレットのご案内

定価（税込） No.1～4, 6～13 各660円／ No.5 770円
No.14～15 各880円／ No.16 1100円

No.1	**公共図書館と協力保存** －利用を継続して保証するために－	安江明夫著	2009.5刊
No.2	**地域資料の収集と保存** －たましん地域文化財団歴史資料室の場合－	保坂一房著	2009.9刊
No.3	**「地図・場所・記憶」** －地域資料としての地図をめぐって－	芳賀　啓著	2010.5刊
No.4	**現在《いま》を生きる地域資料** －利用する側・提供する側－	平山惠三 蛭田廣一著	2010.11刊
No.5	**図書館のこと、保存のこと**	竹内　悊 梅澤幸平著	2011.5刊
No.6	**図書館の電子化と無料原則**	津野海太郎著	2011.10刊
No.7	**多摩を歩いて三七年半** ～街、人、暮らし、そして図書館～	山田優子著	2012.5刊
No.8	**被災資料救助から考える資料保存** －東日本大震災後の釜石市での文書レスキューを中心に－	青木　睦著	2013.11刊
No.9	**電子書籍の特性と図書館**	堀越洋一郎著	2013.11刊
No.10	**図書館連携の基盤整備に向けて** ―図書館を支える制度の不備と「図書館連合」の提案―	松岡　要著	2015.1刊
No.11	**書物の時間**―書店店長の想いと行動―	福嶋　聡著	2017.8刊
No.12	**図書館の「捨てると残す」への期待と不安** ―出版産業の危機の中で／書き手として、利用者として―	永江　朗著	2018.10刊
No.13	**図書館計画で書庫はどう考えたらいいのか？** ―いくつかの街の図書館づくりに参画して学んだこと―	寺田芳朗著	2019.3刊
No.14	**図書館づくりの現況から「保存」を考える**	塩見　昇著	2019.7刊
No.15	**“市民の図書館”の資料保存問題**	山口源治郎	2021.4刊